Et ÅrsværkSted

[til Ketty]

Et ÅrsværkSted
[et digt om ugen]

Kim Sindberg

FSC
www.fsc.org
MIX
Papir fra
ansvarlige kilder
Paper from
responsible sources
FSC® C105338

Indholdsfortegnelse

Forord

Denne bog er startet som et nytårsforsæt: Jeg ville publicere (mindst) et digt hver uge gennem 2024 på Instagram og Facebook.

Det skulle være korte digte. De skulle kunne læses på under et minut. Alle skulle have mulighed for at læse et digt og ugen, også dem der normalt ikke læser digte. Alt det krævede, var en ”investering” på minut om ugen.

Da jeg startede i uge 1, havde jeg “materiale” nok til ca. 2 måneder. Så jeg besluttede at inkludere nogle digte fra min digtsamling “Umuligheder” (2022). Det blev til elleve digte fra Umuligheder, et digt fra ”Svimmelhedstid” (2006), et digt fra “Tegner, Tegner, Tegner” (2020) samt bagsidedigtet fra “Månen over i'et i Helsinki” (2024).

Resten er skrevet undervejs i løbet af 2024.

Det er blevet til en samling digte (56 i alt) der bevæger sig i mange retninger og genrer. Det er en digtsamling i bevægelse. En digtsamling hvor det første digt ikke kendte det sidste. En digtsamling der foldede sig ud over et år. En digtsamling fra digterens værksted:

Et ÅrsværkSted

Kim Sindberg
Januar 2025

Prolog: På årets første dag

er der en metafysisk ensretning
der ikke fremgår af skiltningen;

en svag erindring om
natkørsel i Karlsvognen
med knust kompas og
lange samtaler i trafikknudepunkter;
og ikke mindst

toner man ikke kan komme ud af

Sidder året allerede fast
i en båndsløjfe mellem kæledyr
og krigsveteraner eller
er Panodilerne bare ikke kommet
videre end 2023?

2024uge01: Der er en sten i skoen

Du fornemmer, at den er meget bange:
Ved hver skridt vælger den
en ny tå
at gemme sig under

2024uge02: Lakune

Og så viste det sig
at tirsdag
kom efter mandag
at sproget
stakåndet
forfulgte tanken
at der var en dronning
der holdt sammen
på kongen

2024uge03: Sort hul

I den magiske Nordiske nat
er der et kort moment
hvor jeg ikke er vågen
og ikke ikke-vågen

2024uge04: Ludomani

Ingen af os vil være den
der overrasker sin skygge
ved den enarmede tyveknægt
nonchalant med blomstret skjorte
og en flabet cigarillos i mundvigen

Altså medmindre skyggen lige
har tømt banken

2024uge05: Kolbøtte

Røgen lægger sig ikke
men siver ind i ørerne
og maler hjernen blå
og giver ordene
en flosset skygge
inden de passerer læberne
og kommer ud
som digte med vinger

2024uge06: Blues og gaffatape

I den anden halvdel
af himlen
er taget utæt

Nattens sorte musik
drypper ned
på morgenens
hvide sne

2024uge07: Breaking

I dag rapporteres der fra legepladsen:
Der er vand i kælderen i legehuset
Rutsjebanen er pakket ind i stiv kuling
fra nordnordvest
Oversvømmelsen danser tango med gyngestativet
Ved svævebanen meldes der om rastløs snefygning
Klatrestativet prøver at løfte stormen

Efter sådan en dag
skal der støvsuges grundigt
i sandkassen

2024uge08: Tyngdeloven

Hele dit liv
har du ledt
efter nøglen

nu nænner
jeg ikke
at fortælle dig
at døren ikke er låst
den binder bare lidt

2024uge09: Woke

Det er ofte den
der er løbet tør for fejl
der knækker stråil
på kamelens ryg

2024uge10: Væbnet med vinger

Ordene slår hårdt mod ansigtet
De små skarpe bogstaver
laver snitsår i den tyndslidte hud
Sætningerne er dybe piskeslag
mod den blodige ryg

Du klamrer dig febrilsk
til kapitlerne
mens sproget forsvinder
under dine fødder
med livets hastighed

[Michael Strunge døde 9. marts 1986. Han blev 27 år.]

2024uge11: Pilotfisk

Om natten trives løgnen bedst
Den kan finde på
at lægge sig helt tæt
og suge sig fast
til hjernen

Efter sådan en nat
kan man vågne op og påstå
at det der bliver sagt i Køge
kan høres på Ålekistevej

2024uge12: Han tegner er kvinde

Han tegner en kvinde
Der står i regnen
Han overvejer
At tegne
En paraply

2024uge13: Vakkelvorn

Efter endnu et
vidunderligt nederlag
må du sande
at dette ikke er Belgien
der er for meget
alt alt for meget
ekko i kisten

2024uge14: Somnifobi

Ode til Allen Ginsberg

Skrækken der kan lugtes gennem væggen
Saxofonskrig skælvende i solnedgangen
Tanker der bliver fremkaldt alt alt for langsomt

Byen der hoster så meget
at det er umuligt at holde sig vågen

[Irwin Allen Ginsberg blev født den 3. juni 1926 i Newark, New Jersey og døde den 5. april 1997 i New York City.]

2024uge15: Mange ved ikke

at vinden har brug for poesi

for at skubbe skyerne ind under
  morgenens øjenlåg
for at sende dagens papirflyver i kamikazekurs
  mod middagssolen
for at overtale parasollerne til at danse
  på aftenhimlen
for at bygge abstrakte skulpturer
  i nattens sorte hav
          og
for at puste liv ind i dit åndedræt

2024uge16: Afrundingsfejl

Hvad betyder det
når der vader
en solsort ind i ens drøm
og planter
et ekstra
hoved
på hovedpuden
¿

2024uge17: Skrædderen

Der er altid et eller andet der skal sys
Vinduesviskerne skal sys på
rudekuverterne
Blodet skal forsigtigt ris
på glasskårene
Den sorte is skal sømmes fast
på landevejen med den kraftige nål

Skrædderen holder aldrig ferie
Han forsøgte engang
men fandt ud af, at han var syet fast
til sin stilling

2024uge18: Knaldhårdt

Selv om det er storetåen
der rammer bordbenet
er det kroppen
der sekundet efter
ligger så lang
som Rundetårns
skygge
i den knaldhårde
morgensol

2024uge19: Fugt

Svalerne i v-formation
rejser med projektør i nat
og oplyser den sorte vejbane:
det hemmelige lys
tanken der fordamper
som myg for tæt
på solen

2024uge20: L

du har intet
som du ikke kan miste
intet
som ingen
ikke
kan tage   fra dig
undtagen din fødselsdag

det rammer tagene
selv i maj

og så regner det
ikke engang

2024uge21: Multitasking

Der står en statue
i Klingsors have
og hælder vand ud
af højre øre
mens den
med sit venstre
nyder den tonløse sang
der blidt kysser havets
sitrende overflade

[Wilhelm Richard Wagner blev født 22. maj 1813.]

2024uge22: Istap

Den gamle operasanger
synger gennem ubådens
periskop

lavtflyvende prismer
der raser
gennem landskabet

2024uge23: Pendulet svinger (nu)

Når fartblindheden slår dig i øjnene
og alt du kan se er lyden af en
smadret harmonika og de
fejl der vokser ud af
solopgangen og
du bliver i tvivl
om verden
findes skal
du huske
at dukke
dig

2024uge24: Unfair Trade

Efter en ørkenvandring af en drøm
kom jeg til at tænke
på den lille dreng
på en strand på Filippinerne
der for snart et halvt århundrede siden
gav mig
de mest taknemmelige øjne
der skinner den dag i dag
i bytte for et ur
hvor viserne for længst
er udvisket af tiden

2024uge25: Smil

Bare rolig!
Jeg kommer med tid;
ikke ubegrænset tid
men tid nok til
at du kan nå
at afslutte dit smil

[Brian Wilson blev født den 20. juni 1942.]

2024uge26: Unfair Trade II

Det var en drøm
men den var så virkelig
som en drøm
hvor en lille pige
sad på en strand i Indien
med diamanter i øjnene
og så på fuglene der flyver
ligesom tiden

2024uge27: Ingenmandssvar

Der må ikke være mellemrum
mellem sidste ord i spørgsmålet
og spørgsmålstegnet
for så vil spørgsmålet
fare vildt i tomrummet
    og svaret bliver sløret
    som et højhus
    der spejles i vand

2024uge28: Lost in Transit

Længe gik vi og troede
at sommeren bare var forsinket

Nu er der meget der tyder på
at den er gået tabt
et sted mellem omgivelserne
og omstændighederne

2024uge29: Underspillet

I dag kører alle
gennem livet
med sidevogn

Det afgørende er ikke
hvor hurtigt man
når frem til det halvmørke fyrtårn
men hvem der sidder der

I sidevognen altså

2024uge29(2): Iboende

Ved en fejl
tabte han sin hånd
ned på musikken
og bassen gik
på vandring
gennem den gamle
bygning

hvis man klistrer
øret fast til væggen
kan man stadig
fornemme en
monoton sitren

2024uge30: Adagio

Manden tegner sin elskedes
silhouet i et glas vand

En tåre falder fra den
mørke side af øjet
og laver et krater
i vandoverfladen

Kvinden spiller Bach
på sin g-streng

[Johann Sebastian Bach døde 28. juli 1750 i Leipzig, Tyskland.]

2024uge31: Svanesøen tegnet på køkkenbord

Toppen af blyanten
bevæger sig
yndefuldt og flagrende
som Odette

mens spidsen tegner
små penisser
på det rå køkkenbord

2024uge32: Zen

Lyden af et bjerg
der lukker lige inden ebbe

det regner
når det regner

den nordlige albue
udstrakt fra solopgang
til solopgang

2024uge33: Dagens afkast / Dagens afskrivning

Tilføjer ting
indtil der ikke længere
er ingenting

/

Du har mistet den;
den følelse
du ikke vidste
du havde

2024uge34: Sprogets vicevært

Hver morgen fejer viceværten
de kasserede ord op
Han går nænsomt tilbage
i sine skridt
og ser slet ikke de slåfejl
der er plantet i hans
fodspor

2024uge35: Beruset

Rimbaud og Baudelaire
står på hver sin hylde
i bogreolen

den stumme bibliotekar
bygger en bro
mellem de to hylder
så de to festaber
kan hænge ud
om natten

[Charles-Pierre Baudelaire døde 31. august 1867.

2024uge36: Er det ikke usædvanligt varmt i dag?

Dagen i dag
er en ufattelig,
enestående,
intens
og dog velkendt
skulptur
på en piedestal
af jordbæris

2024uge37: September

Nattens drømme
og tinnitus
lægges i hyndeboksen
låget lukkes
nænsomt
som røgringe under vand

2024uge38: Den uperfekte storm

Når du er verdens bedste
til at bygge en storm
farer du nemt vildt
blandt de rastløse efterårsblade

og når du aldrig har lært
at finde rygvinden
er det så smart at stå på
rulleskøjter?

2024uge39-1: Det er umuligt at lære klokken med alle de tidszoner

I dag var det min tur til at gå baglæns
Den dag i morgen huskede jeg ikke
hvordan jeg kommer hjem
eller om jeg nogensinde bliver væk

2024uge39-2: Alle dilemmaers moder

I dag en klokken forsvundet
i en bunke tidslommeuld

Den lille viser har gemt sig bag halv fire
Den store kommer frem
klokken kvart i to

2024uge40: En drøm om at stå på et sted

Står ved den øredøvende bred
og skovler de brugte tanker
ned i vulkanen

Overfladen samler sig
til et billede

af en som de siger
er mig

2024uge41: Ungdommens dag

I nyhederne blev det beskrevet
som en lavine af
blødende spejle

Vi husker det mere som et godstog
så langt som vinden
der fragtede alle vores håb og drømme
gennem en mosaik af sanktioner
og forheksede ideer

2024uge42: Stævnemøde

I sommeren
er der altid et lille stykke vinter
og i vinteren
er der altid et lille stykke sommer

Det er derfor lysene
på den mørke villavej
nogle gange
blinker
uden anden grund
end det

2024uge43: Latsyrk

Som at tabe
en håndfuld glasskår
og se en vase
vokse op fra gulvet

2024uge44: Det fineste øjeblik

Når du bor i et hus hvor der
altid er kærlighed på kanden
er det bedste der findes det
der ikke findes

Hvad enten du bakker forlæns
ud af tvivlens tilbagekomst
eller bliver vækket af floden
midt i ørkenen
er det fineste i verden det
øjeblik
du altid bærer på dig

[Til Ketty, der fyldte 60 år den 29. oktober 2024.]

2024uge45: Grævling - revisited

I en kælder i Delaware
sidder en forhenværende
præsidentkandidat
og filer på en node

Lyset skygger
for mørket
Vi tager
tre korte og et langt

[Den 5. november var der præsidentvalg i USA. Dette digt har intet med dette at gøre. Digtet er oprindeligt trykt i Umuligheder i en lidt anden version.]

2024uge46: Risiko

I dag er et landskab
    der ikke vil åbne
En investering
    der skrider i svigtet
Sagde han insisterende
og satsede
resten af sit   liv
på et væltet ottetal

2024uge47: Det er en anden tid nu

Der var engang
hvor man ikke kunne
lave film
i farver
Dengang var verden ikke
i sort-hvid

De gik heller ikke lidt for hurtigt

2024uge48: Lever

Når du sejler gennem den nye by
på sporet af en ung Kim Bodnia
og når du swiper til højre
swiper til venstre
og når mausoleets matte musik minder dig om
det du gjorde før du blev dig
og når du stadig har fantomsmerter
hvor erindringen engang sad
så er det dagens drivtømmer
der bygger mure omkring de indre organer
og lukker den sidste sprække til ungdommen

2024uge49: 8. december 1980

En splintret guitar, der brutalt flår
den unge mand ud af ungdommen
Træet, der gemmer sig for fuglene
Blomsten, der er emigreret til asfalten
Sekundet, der har vendt timen ryggen
Stjernen, der har fundet en ny himmel
at så sine skud i

[John Lennon døde den 8. december 1980, da han blev skudt på gaden i New York. John Lennon blev 40 år gammel.]

2024uge50: Det lyder som et knust kompas

men efter mine øjne
har vænnet sig til
polernes blinde vinkel
kan jeg se
at det faktisk er
lykkelige fødder
på et gulv af sorg

2024uge51: Dørene glider op

og der går et spøgelse
ind i stillekupeen
Rummet fyldes af
den karakteristiske duft af
tårer i et åbent sår
og jeg fylder hullerne
i glemsomheden
med den karakteristiske lyd af
ufortyndet savn

2024uge52-1: Bjerget og Muhammed revisited

Ridserne i himlen
katapulterer bønnen
ind i dagen

Den rammer dig
som bjerget der tvinger bjergbestigeren
i knæ

2024uge52-2: Højmesse

Dette digt er en hyldest
til det ordløse konkrete
En bøn til orkanen
der rydder op i decembernatten
En drøm der i høj fart
forstærker langsomheden
Et fravær af alt
i et enkelt uendeligt sekund

Amen

Oversigt

- Prolog: På årets første dag – publiceret 1. januar 2024
- 2024uge01: Der er en sten i skoen – publiceret 6. januar 2024
- 2024uge02: Lakune – publiceret 14 januar 2024 (Lakune er trykt første gang i Umuligheder, 2022)
- 2024uge03: Sort hul – publiceret 21. januar 2024
- 2024uge04: Ludomani – publiceret 26. januar 2024
- 2024uge05: Kolbøtte – publiceret 3. februar 2024 (Kolbøtte er trykt første gang i Umuligheder, 2022)
- 2024uge06: Blues og gaffatape – publiceret 9. februar 2024
- 2024uge07: Breaking – publiceret 17. februar 2024
- 2024uge08: Tyngdeloven – publiceret 24. februar 2024 (Tyngdeloven er trykt første gang i

Umuligheder, 2022)

- 2024uge09: Woke – publiceret 2. marts 2024
- 2024uge10: Væbnet med vinger – publiceret 9. marts 2024
- 2024uge11: Pilotfisk – publiceret 16. marts 2024
- 2024uge12: Han tegner er kvinde – publiceret 23. marts 2024 (Han tegner er kvinde er trykt første gang i Tegner, Tegner, Tegner, 2020)
- 2024uge13: Vakkelvorn – publiceret 29. marts 2024
- 2024uge14: Somnifobi – publiceret 5. april 2024
- 2024uge15: Mange ved ikke – publiceret 12. april 2024
- 2024uge16: Afrundingsfejl – publiceret 20. april 2024 (Afrundingsfejl er trykt første gang i Umuligheder, 2022)
- 2024uge17: Skrædderen – publiceret 26. april 2024
- 2024uge18: Knaldhårdt – publiceret 4. maj 2024

- 2024uge19: Fugt – publiceret 11. maj 2024 (Fugt er trykt første gang i Umuligheder, 2022)
- 2024uge20: L – publiceret 17. maj 2024 ("L" er oprindeligt trykt i Svimmelhedstid (2006) under titlen Til I)
- 2024uge21: Multitasking – publiceret 22. maj 2024
- 2024uge22: Istap – publiceret 1. juni 2024 (Istap er trykt første gang i Umuligheder, 2022)
- 2024uge23: Pendulet svinger (nu) – publiceret 7. juni 2024
- 2024uge24: Unfair Trade – publiceret 14. juni 2024
- 2024uge25: Smil – publiceret 20. juni 2024
- 2024uge26: Unfair Trade II – publiceret 28. juni 2024
- 2024uge27: Ingenmandssvar – publiceret 6. juli 2024
- 2024uge28: Lost in Transit – publiceret 13. juli 2024

- 2024uge29: Underspillet – publiceret 16. juli 2024

- 2024uge29(2): Iboende – publiceret 21. juli 2024 (Iboende er trykt første gang i Umuligheder, 2022)

- 2024uge30: Adagio – publiceret 28. juli 2024

- 2024uge31: Svanesøen tegnet på køkkenbord – publiceret 1. August 2024 (Svanesøen tegnet på køkkenbord var månedens Fejl 404-digt i august 2024.)

- 2024uge32: Zen – publiceret 11. august 2024 (Zen er trykt første gang i Umuligheder, 2022)

- 2024uge33: Dagens afkast / Dagens afskrivning – publiceret 16. august 2024

- 2024uge34: Sprogets vicevært – publiceret 25. august 2024

- 2024uge35: Beruset – publiceret 31. august 2024 (Beruset er trykt første gang i Umuligheder, 2022)

- 2024uge36: Er det ikke usædvanligt varmt i dag? – publiceret 7. september 2024. (Er det ikke usædvanligt varmt i dag? er bagsidedigtet fra

Månen over i'et i Helsinki, 2024)

- 2024uge37: September – publiceret 14. september 2024 (September er trykt første gang i Umuligheder, 2022)

- 2024uge38: Den uperfekte storm – publiceret 21. september 2024

- 2024uge39-1: Det er umuligt at lære klokken med alle de tidszoner
  2024uge39-2: Alle dilemmaers moder
  Begge digte er publiceret 24. september 2024. Digtene vandt en konkurrence i R8Dio programmet "Lær Klokken - med Goodipal," hvor opgaven var at skrive et digt om klokken på maksimalt 5 linjer. Præmien var et stykke gulv fra Det Jyske Kunstakademis køkken.)

- 2024uge40: En drøm om at stå på et sted – publiceret 5. oktober 2024

- 2024uge41: Ungdommens dag – publiceret 12. oktober 2024

- 2024uge42: Stævnemøde – publiceret 19. oktober 2024

- 2024uge43: Latsyrk – publiceret 26. oktober 2024
- 2024uge44: Det fineste øjeblik – publiceret 29. oktober 2024 (Til Ketty, der fyldte 60 år den 29. oktober 2024)
- 2024uge45: Grævling - revisited – publiceret 5. november 2024 (Den 5. november var der præsidentvalg i USA. Dette digt har intet med dette at gøre. Digtet er oprindeligt trykt i Umuligheder (2022) i en lidt anden version.)
- 2024uge46: Risiko – publiceret 23. november 2024
- 2024uge47: Det er en anden tid nu– publiceret 14. november 2024
- 2024uge48: Lever – publiceret 30. november 2024
- 2024uge49: 8. december 1980 – publiceret 8. december 2024
- 2024uge50: Det lyder som et knust kompas – publiceret 14. december 2024

- 2024uge51: Dørene glider op – publiceret 21. december 2024

- 2024uge52-1: Bjerget og Muhammed revisited – publiceret 24. december 2024

- 2024uge52-2: Højmesse – publiceret 29. december 2024

Af samme forfatter:

UCP 600 Transport Documents (2012)
Remburs – en introduktion (2012)
From Beginning to Beginning – Trade Finance Articles from 2003 to 2011 (2012)
Udenlandsk Inkasso – en introduktion (2013)
Anfordringsgaranti og Standby Remburs – en introduktion (2013)
The Cheater's Handbook to Documentary Credits (2014)
UCP 600 Transport Documents – 2nd Edition (2015)
Best Served With Coffee (2015)
Jepper Depper – Tristan og Den Blå Bold (med Ketty Sindberg) (2016)
From A to UCP (Key Documentary Credit concepts explained) (2016)
Dusty Soul (2016)
From Beginning to Beginning – Trade Finance Articles from 2003 to 2014 (på engelsk og kinesisk) (2016)
40 Copies of Myself (2017)
Der Er Et Fort Her (2019)
UCP600 Insurance Documents (2020)
Tegner Tegner Tegner (2020)
CoronAdvice (covid-19 from a Trade Finance perspective) (2020)
Bogen om Trade Finance (2021)
Umuligheder (2022)
The Banker's Guide to Examination under Documentary Credits (Sammen med ATM Nesarul Hoque) (2022)
From A to UCP - 2nd Edition (sammen med C.S Vijaya Kumaar) (2023)
Availability & Documentary Credits (Sammen med ATM Nesarul Hoque) (2024)
Månen over i'et i Helsinki (2024)

Under navnet Kim Christensen:
Svimmelhedstid, poesi (2006)

ॐ

Et ÅrsværksSted

Forlag: BoD – Books on Demand, Hellerup, Danmark
Tryk: BoD – Books on Demand, Norderstedt, Tyskland
ISBN: 9788743060314